Contents

Introducción

Esta es la tercera fase o etapa de mis libros acerca del Síndrome conocidos por todos como El Autismo;

Hace algunos meces era solo una pequeñita idea que poco a poco fue tomando forma y fuerza Gracias a Dios que me ha dado la salud, la capacidad, la facilidad de palabras y la tenacidad y disciplina para lo, también gracias a otros autores de los cuales sus libros me han servido de referencia y como punto investigativo aunque la intención de ellos al hacer estos libros no fue necesariamente o quizás remotamente aplicarlo al síndrome que yo humildemente estoy investigando.

MI mayor objetivo con este libro al igual que con los dos anteriores es ayudar a todos aquellos que de una u otra forma están relacionados con este síndrome a entenderlo para que de esta forma sus familias puedan tener un funcionamiento lo más cerca a la normalidad posible.
Pero quiero además dar las gracias y mi más honesto reconocimiento a todos los que están involucrados en esta dura batalla Doctores, Enfermeras, Investigadores, Científicos, Terapeutas, Escritores, Traductores, Publicista, maestros etc.; Gracias porque solos unidos podremos encontrar con la ayuda de Dios el maestro de maestros creador del Universo la cura a esta y otras enfermedades que están azotando a nuestro querido planeta y a nuestras futuras generaciones.

Mucha suerte para todos y {Adelante}.

Recordemos Como es un Niño/a Autista

La realidad es que un niño Autista puede ser de muchas maneras variadas y diferentes al igual que cualquier otro niño pues cada uno de ellos posee ciertas características diferentes que van de acuerdo a su personalidad, sexo, edad, y magnitud del Autismo.

Este Autismo como cualquier otra Síndrome presenta varios niveles debido a esto es que los hay menos afectados o personas más afectadas pues aparte de presentar síntomas del Autismo también presentan otras complicaciones como pudiera ser algún tipo de retraso mental e inclusive los hay que no son capases ni tan siquiera de reconocer a sus propios padres y miembros de la familia.

El Autismo es un síndrome en el cual aparecen distintas facetas a partir del crecimiento del niño/no y dependiendo del grado de autismo que esté presente, de ahí que los métodos utilizados no sean en ocasiones los mismos para todas las personas afectadas con este síndrome y por lo tanto los resultados varían lógicamente, pero siempre deberán ser aplicados de manera tal que se haga esforzar a la persona al máximo para que los resultados sean a la máxima potencia de acuerdo con la capacidad de cada uno.

Los niños Autistas en muchos casos son también niños/más genios esto se logra si trabajamos duro con ellos utilizando algo que todos ellos tienen a su favor: Memoria fotostática

Por esto es que no debemos olvidar que todos y cada uno de ellos si les dedicamos un poco de tiempo, y en vez de tratarlos con lastima los tratamos como a cualquier niño con el mismo Amor y las mismas regulaciones, entonces les estaremos dando a ellos las mismas posibilidades que tienen los demás.

Hay algo que no debemos olvidar, la gran mayoría de ellos pueden elaborar de una manera bastante favorable en los casos de los que tienen el problema en menor escala y aun en los que los tienen en mayor escala siempre existe la posibilidad de una mejoría a cual nosotros no podemos ni debemos renunciar, es por esto que la constancia y el vivir día a día es importantísimo en esta situación cada día deberá de ser el primero para de esta manera no desmayar el esfuerzo, para esto hay que crearles motivación para que ellos puedan romper con mucha fuerza de voluntad el cerco y convertirse en personas funcionales para la sociedad y para ellos mismos. El niño Autista en la mayoría de los casos no actúa con lógica o sea desconoce el peligro no aprecia la magnitud de este y por lo tanto está expuesto más que otras personas a él por ello es tan importante un buen entrenamiento el que recibe generalmente en los programas especiales que se ofrecen en los colegio del sistema educacional para niños especiales, otra manera de que ellos reciban este tipo de entrenamiento es mediante una terapeuta este especializada en la materia, y por supuesto aquí entran los padres, y familiares de los afectados nosotros también tenemos la posibilidad de ayudarles mucho en cuanto a este tópico se refiere, recuerden es nuestro deber como humanos, como padres y como cristianos, además ellos no pidieron venir al mundo fuimos nosotros los que decidimos y cuando lo hicimos lo hicimos por que vivieran, somos sin duda algún los responsables a ellos aunque quiero aclarar una vez más que esto no significa que en ningún modo seamos los responsables de esta condición de la que ellos están presos y que también nos afecta a todo a la familia en general. Recordemos que la lógica la maneja la parte izquierda del cerebro.

¿Qué sucede en el área izquierda del cerebro? ¿Cuál es la función que desempeñan en el cerebro y como esto afecta al organismo en general? ¿Qué áreas del cuerpo humano son las más afectadas por encontrarse sus puntos claves en esta zona del cerebro? ¿Cuáles son los componentes físicos y químicos? ¿Hasta dónde el niño/ja crean su propio mundo y hasta donde este mundo puede ser creado por la falta de o deficiencia de alguna sustancia que exista en esta área del cerebro? ¿Porque el niño está bien hasta los tres anitos y es a partir de ahí que comienza un estancamiento o deterioro en su desarrollo?

Otra área importante en todo este proceso son sin duda alguna El Sistema Nervioso que es el encargado de trasmitir y hacer q2ue se cumplan las ordenes que ha enviado el Cerebro, ¿Que podría pasar si hay un fallo en el sistema nervioso que no permita que la orden llegue a la estación en una forma total sino parcial? ¿Qué tal si la orden llega correcta pero quienes están encargados de llevarlas a cabo no poseen la carga energética necesaria para su funcionamiento?

Desconozco bajo que Cuestionario están los médicos y científicos trabajando sobre estas cosas, si yo tuviera estas respuestas en mi mano unidas a otras respuesta de índole espiritual y pudiera además establecer la conexión entre ambos pues no debemos olvidar que somos una dualidad es muy probable que tendríamos en nuestros manos la causa y la posible cura del síndrome del Autismo.

No debemos olvidar que los niños autista como todos los demás tienen temores, sueños, y esperanzas y es por ellos que tenemos que seguir investigando y luchando contra este flagelo de la sociedad.

Se recomienda un examen neurológico, uno auditivo y uno visual, además del examen general convencional. Yo en lo personal y debido a las experiencia recomiendo que estén seguros de que el médico que los vea sean alguien que de ser posible no solo tenga todos los documentos que son requeridos sino que tengan alguna recomendación de otras personas a las que ya haya tratado y que ustedes conozcan, de no ser manténganse muy alerta durante todo el tiempo que dure la consulta, y no dejen a sus hijos solos{desgraciadamente no podemos confiar en nadie en estos tiempos}y si tienen alguna duda busquen la opinión de otro doctor esto es tener precaución y sabiduría.

Manifestaciones de Conducta

1-Se muestran indiferentes a su ambiente.

2-No responden a la figura humana.

3- Respuestas raras o extrañas a diferentes aspectos del ambiente.

4-No establecen contacto visual, miran a través de la persona y no a la persona.

5- Respuesta facial nula.

6- Rechaza el afecto y el contacto físico.

7- No responde cuando se llama.

8-Actúa como si fuera sordo.

9-Deterioro notable en la habilidad de la comunicación.

10-Se identifica por largos periodos de tiempo con objetos inanimados manipulándolos en forma circular.

11-Camina en la punta de los pies.

12- Movimientos repetitivos de las manos delante y de los ojos, balancear, brincar.

13-Mira fijamente superficies brillantes por mucho tiempo.

14-Cubrirse los oídos con las manos.

15- Produce sonidos propios repetitivos {repetidas veces}.

16-Se esconde cuando hay ruidos fuertes.

17- Golpean objetos rítmicamente con las manos o con el algún objeto, golpean el piso, etc.

18-Se masturban, se hacen cosquillas, se golpean y otras maneras de auto estimularse.

19-Huele los objetos insistentemente.

20- Rechazan los alimentos que son estimulantes y tienden a tragar los alimentos sin masticar.

21-Tolerancia limitada a varios sabores.

22-Rabietas, berrinches, y llantos sin causas aparentes.

23-Risas injustificadas.

24-Precocidad marcada en la organización de objetos acompañados de rechazo enérgico al cambio de rutina.

25- Coordinación motora precoz {precisión, exactitud y habilidad manual extraordinaria.

Esta lista la he tomado de un libro maravilloso que fue escrito con mucha seriedad con el propósito de poder ayudar y enseñar a todo aquel que lo necesite o simplemente que esté interesado en aprender sobre ese síndrome mis respetos a todos los que tuvieron que ver en esta obra su título Autismo Orientación y Alerta.

Se recomienda además un examen neurológico y uno auditivo, otro visual además de un examen general convencional, si no están conforme con el resultado de alguno de esto exámenes es siempre de sabios consultar con otro doctor sin ponerlo en sobre aviso de los resultados anteriores, y de esta manera comparar la información y tomar la decisión correcta.

El Cerebro Humano

La cede de nuestro yo más íntimo parece estar en la porción de tejido nervioso del cerebro alrededor de los ventrículos cerebrales; Es aquí si es que esta en algún sitio donde nos sentimos abatidos, optimista, enfadados o tranquilos. Las destrucciones de estas regiones cerebrales son mucho más catastróficas que la destrucción de la corteza cerebral de evolución mucho más reciente.

El cerebro se compone de células nerviosas y neuroglia les, el libro sobre biología molecular constituye un fundamento Las estructuras de las relaciones en el mundo de las percepciones se reproducen como hechos fisiológicos del cerebro.

Todos estos datos son tomados del libro **El cerebro** estoy segura que aun encontraremos más datos importantísimo e interesantes.

De acuerdo a este libro no hay fantasmas en la maquinaria cerebral, es todo una cuestión física y química.

La comprensión de la ciencia cerebral de nuestros tiempos depende del conocimiento de la termodinámica de los Iones de las membranas de las soluciones acuosas.

Los cerebros humanos, sin embargo son muy grandes comparados con los demás. Un cerebro adulto corriente pesa unos 1.350g y está formado por millones de células nerviosas.
Quizás sea mejor que nuestro cerebro posea un número tan gigante de células, ya que estas no se reproducen más de mil al día durante toda la vida del adulto.

La base física de la memoria sin embargo es una discusión aún muy abierta, investigaciones recientes parecen indicar que podría tener una base molecular.

Las encuestas demuestran que el 5% al 9% de las poblaciones de Estados & Unidos y del Reino Unido tendrán que ser internados en hospitales por enfermedades mentales por lo menos una vez durante su vida. Esto desde luego es un número muy grande de personas. La enfermedad mental es de muchas clases y puede ser tratada de muchas maneras diferentes.
La ciencia del cerebro, en una época atómica, resulta una ciencia de gran importancia, una ciencia que según "Hipócrates"{El hombre debe conocer}.

El cerebro humano está formado por más de cinco mil millones de neurona; Además cada neurona de la corteza cerebral puede hacer hasta sesenta mil contactos sinópticos.

Podemos deducir que una neurona de la corteza cerebral puede comunicarse por lo menos otras seiscientas y seguramente con muchas más.

Qué pasaría si esta conexión se interrumpe

¿Tendría esto algo que ver con El Autismo?

Muchas de las maneras de comportarse identificadas por los psicólogos y los profanos han resultados ser debidas a unos grupos de células situadas en el tallo encefálico. La región más importante de todo parece ser el hipotálamo. El hipotálamo puede considerarse como el extremo anterior de las c9olumnas de la sensibilidad i.e. la motilidad viscerales 10; 5 Pág. 265 La primera tendencia que se localizo fue la tendencia o sensación del hambre, se puede mostrar que después de la destrucción de un par de núcleos situados hacia el centro del hipotálamo los núcleos ventor-mediales {VM} los animales de experimentación se convertían en comedores obligados.

¿Esto me trae a una reflexión muy mía y particular será aquí donde radique el problema de las personas obesas que son comedores compulsivos por naturaleza?

Muy cercas o quizás entremezcladas están las células que controlan la sensación de la sed.

Las respuestas de lucha o de huidas que podemos observar en animales y en personas las experimentamos como la ira, y el temor.
El sueño es otro fenómeno de comportamiento y se cree que está influenciado por centros del hipotálamo, se piensa que existen dos centros; uno excitador y el otro inhibidor.

¿Podría ser el Autismo un comportamiento adquirido o producido por algún fallo de ese sistema?

Por Ej.; estimulo de la región posterior central del hipotálamo hace que el animal presente una conducta agresiva, en el caso de los niños/más Autistas son agresivos o pueden llegar a lo, fácilmente se agraden a ellos mismos cuando algo no funcionan como ellos lo desean mordiéndose a sí mismos como castigo incluso en ocasiones.

Se dice que el sistema Límpido está formado por antiguas regiones de la corteza quedando por detrás o algo por detrás; estas regiones mantienen sus antiguas conexiones con el tálamo y el cerebro medio: Las regiones son; El hipocampo, el lóbulo periforme, el giras cíngulos {encima del cuerpo calloso con algunos de los núcleos básales como la amígdalas.

El origen de la noosfera es también el resultado de una concatenación fortuita de entidades materiales; en este caso de células nerviosas y en particular de las células nerviosas situadas en la corteza cerebral.

Los neurobiológicos todavía no tienen casi la menor idea sobre los posibles orígenes del pensamiento simbólico que es la esencia de la noosfera.

En la corteza cerebral del hombre se reconocen seis capas de células; las células son de muy diversos tipos.

Encerado en la capsula formada por el cráneo el cerebro nenecita la sangre que le llega por las carótidas y las arterias y vertebrales para obtener su aporte nutritivo y su oxígeno y para deshacerse de sus productos catabólicos Linux Pauling señala que el cerebro parece más sensible a pequeños cambios de la constitución química de su medio interno que cualquier otro órgano o tejido del cuerpo

Pauling cree que muchos disturbios mentales y en particular la "Esquizofrenia " pueden ser causados por una diferencia de la sangre que baña el cerebro.

Este capítulo es de vital importancia con relación a los niños o personas con el síndrome del Autismo; si esto fuese exacto sería cuestión de analizar la sangre, y suministrarle las vitaminas que tuviesen en deficiencia por un periodo de tiempo, y sería el mismo tiempo el que arrojaría los resultados al respecto.
Esto es otra puerta por la que podríamos entrar en este laberinto en busca de la luz.

En los próximos capítulos tratare de extraer de este maravilloso libro algo a cerca de la memoria, en el capítulo 17 encontramos El cerebro y la Mente; estoy segura que encontraremos datos tan o más sorprendentes que los que ya hemos visto hasta ahora.

El Sistema Nervioso

Después de haber hecho un pequeño estudio del cerebro, siento que es imperativo hacer un pequeño estudio del sistema nervioso, quizás así pueda probar mi punto que parece ser el de algunos científicos que investigan este Síndrome.

Para hacer esto he tomado como referencia un fabuloso libro escrito por varios doctores especialistas en la materia a los que admiro y respeto de todo corazón, pues el libro es sin duda una verdadera joya.

Se trata de la cuarta edición titulada El sistema Nervioso, Introducción y Repaso. Mi agradecimiento total a los doctores que participaron en esta magna obra;

Charles R. No back, P.D.
Norman L. Strominger
Robert J. Demarect
Traducido magistralmente por el doctor Alejandro Sandoval R.
Siendo llevado el trabajo de la revisión técnica por el Dr. Hernández. R. Planas G.

Yo recomiendo leer todo el libro para una mayor información
Comenzando por el principio.

El Sistema Nervioso y endocrino modula las múltiples y complejas actividades funcionales del cuerpo. El primero es el coordinador rápido, mientras que el segundo es más lento en su acción.

El Sistema Nervioso exhibe en esencia una simetría bilateral, sus características estructurales y vías que se localizan a un lado de la línea media se encuentran en el otro lado se subdividen: anatómicamente en el Sistema Nervioso Central y el Sistema Nervioso Periférico.
Funcionalmente en él; Sistema nervioso somático y el Sistema Nervioso autónomo {visceral}.

El Sistema Nervioso Central comprende el encéfalo y la medula espinal. El Sistema Nervioso Periférico comprende {está formado} de los nervios que emergen del tallo cerebral {llamados nervios o pares craneales y de la medula espinal {llamados nervios espinales}.

Los nervios periféricos conducen los mensajes neurales;

a-desde los órganos de los sentidos y receptores de organismos hacia el C N S.
b- Desde el S N C. a los músculos y glándulas del cuerpo.
El sistema nervioso somático comprende aquellas estructuras neurales del S N C y S N F responsables de;
a- Conducir y procesar información sensitiva consciente en inconsciente {aparente} por Ej. Visión, dolor, tacto, sentido muscular inconsciente de la cabeza, pared corporal y extremidades al S N C.
b-El control motor {eferente} de los músculos voluntarios {estirados}.
El sistema nervioso autónomo puede considerarse que comprende las estructuras neurales responsables de;
Conducir y procesar información sensitiva de los órganos viscerales Ej.;
El sistema digestivo y cardiovascular.
b-El control de la musculatura involuntaria y de las glándulas, de las vísceras. Sin embargo muchos autores consideran que el sistema autónomo esta exclusivamente relacionado con las actividades motoras Viscerales.

El S.N.C. se forma por sustancia gris y sustancia blanca;
La sustancia gris está constituida de cuerpos neuronales dendritas, terminales adónicas sinapsis células de la glía y es altamente vascular izada.

La sustancia blanca se dé haces, de axones muchos de los cuales están malignizados oligodentrocitos, el color blanco proviene mielina. Carece de cuerpos celulares y esta menos vascular izados que la sustancia gris.
Las formaciones dentro de la sustancia gris son conocidas de varias maneras como; Núcleo, ganglio, lámina, cuerpo, corteza, centro, formación o cuerno.

Se reconocen dos tipos de importantes de corteza cerebral y cerebro.
Las haces de fibras nerviosas han recibidos nombres especiales como trasto, fascículo, brazo etc.

Una comisura es un haz de fibras que cruzan la línea media en ángulos rectos al neroeje, este interconecta estructuras a ambos lados del encéfalo.

El encéfalo flota en el líquido cerebroespinal, el cual lo sostiene y funciona como un adsorbente de impactos en los movimientos rápidos de la cabeza.

Las arterias y venas principales que se distribuyen en el encéfalo yacen entre las meninge.

El encéfalo se puede dividir en el Cerebro, Tallo Cerebral, y el Cerebelo. Las subdivisiones se resumen así:

Telencéfalo} Cerebro
Di encéfalo}
Mesencéfalo} Cerebro medio
Mete encéfalo} Porción polinia
Miel encéfalo} Medula obligada

Los hemisferios cerebrales están formados por la corteza cerebral {sustancia gris} sustancia blanca subyacente, el cuerpo estirado {sustancia gris} el cuerpo calloso, la comisura anterior, y la amígdala.

El cuerpo calloso es la mayor de las comisuras anterior es la menor. Ambas están formadas de fibras nerviosas que interconectan las cortezas de los dos hemisferios.

Los hemisferios se separan uno de otro en la línea media por la fisura longitudinal.
Cada uno se divide convencionalmente en seis lóbulos: Frontal, Parietal, occipital, temporal, central y limpio.

En el segundo capítulo de este fantástico libro seguiremos viajando atravesó del cuerpo humano; De nuestro cuerpo el suyo y el mío.
En este capítulo los doctores hablan acerca de las neuronas y células asociadas comenzaremos con este dato; "La neurona es la unidad básica del sistema nervioso. Cada neurona está en contacto sináptico atravesé sus procesos con otras neuronas de tal manera que cada una de ellas es un segmento de la red de la cual el sistema nervioso está compuesto. Una neurona está capacitada para reaccionar a los estímulos; conducir rápidamente la excitación resultante a otras porciones de la célula e influencia a otras neuronas, células musculares y células glandulares. Las neuronas están tan especializadas que son incapaces de reproducirles y pierden su viabilidad si se ven privadas de oxígenos por pocos minutos. Las neuronas tienen diversas formas y tamaños, con la excepción de unos pocos tipos especializados, cada neurona generalmente consta de un cuerpo celular {Soma} desde el cual se extiende un proceso sencillo llamado "Axón" y un número variable de procesos ramificados llamados dendritas {Donfrones}.

Cada axón o sus ramas terminan Poe dividirse en varios filamentos llamados telodendrones, así mismo cada uno de ellos terminan en un engrosamiento llamado botón terminal el cual es parte de la unión sináptica. En el otro extremo de la neurona la región tridimensional en la cual las dendritas de una sola NEURONA SE ABRAZAN SE LLAMA "CAMPO DENTRITICO".

Se puede obtener una idea de las proporciones relativas de las diversas partes de la neurona de esta bien conocida comparación. Si nos imaginamos que el cuerpo celular de una
Moto neurona inferior de la medula espinal tiene el tamaño de una pelota de beisbol, el axón podría entonces tener una longitud de 1.6 kilómetros y las dendritas y sus ramas atravesó de todo un estadio.

Anhelos y Componentes-

Cada neurona costa de un núcleo grande, una membrana plasmática {Celular} y un citoplasma formado por el cito sol {todo sexto los organeros}.

Y una variedad de organeros incluyendo el Retículo endoplasma tico; sustancia de Niza, aparato de Golgi, mitocondrias, lisosomas neurotubulos {micro túbulos} neurofilamentos {Micro filamentos}. El núcleo se localiza en el cuerpo celular y contiene la misma cantidad de D.N.A. que otras células somáticas; su núcleo prominente, compuesto de R N A. se relaciona con la sestases de proteínas. Dentro del núcleo de muchas neuronas se hallan los cuerpos de cromatinas sexuales, también llamados satélites nucleares, los cuales están presentes en la mujer y ausentes en el hombre.

Esto es una observación de mi parte. ¿Qué función realizan estos cuerpos? Que diferencia establecen estos cuerpos y su función entre hombre y mujer? Podría esto establecer algún tipo de diferencia entre un niño /ni Autista Y por último de qué forma los afectaría?
Sigamos navegando por nuestro cuerpo con la maravillosa nave de la imaginaciónllevada por el magnífico viento formado por todo el equipo de todos los que han hecho posible un trabajo magistral como lo es este libro.

Veamos ahora que es la MENBRANA PLASMATICA-.
La membrana plasmática {celular} es un ORGANELO ALTAMENTE ORGANIZADO Y DINAMICO DE 8 A 10 MM de grueso. Muchos procesos celulares se inician como consecuencia de reacciones moleculares de la membrana. Es una estructura flexible formada por dos capas de moléculas de lípidos {Bica pidas de fosfolípidos} además de proteínas, lípido {colesterol, glucolipidos} y carbohidratos. Su área superficial solo se puede cambiar por la adición o substracción de membrana. Los lípidos están orientados con sus extremos hidrofilacios {Polares} hacia la superficie externa y los no polares proyectándose hacia la porción media de la membrana. De esta manera las cabezas hidrofilias enfrentan el agua a ambos lados de la membrana.

Las proteínas enclavadas en la bicapa liquida se denominan "Proteínas integrales o intrínsecas a las cuales se adhieren las proteínas periféricas. En el lado externo de la membrana hay cadenas de carbohidratos; aquellos unidos a las proteínas forman glicoproteínas y las que están a los lípidos forman glucolipidos. Estos Carbohidratos pueden actuar como mediadores en la célula para el reconocimiento de moléculas y la adhesión celular.

Como consecuencia el lado que está en contacto con el líquido tisular difiere del que está en relación con el interior de la neurona no solo en forma estructural, sino también en función.

Ay muchos más datos muy interesantes acerca de esta membrana que yo recomiendo enfáticamente que todo aquel que pueda hacerlo lea este libro. Continuemos adelante descubriendo ante nuestros ojos que es la maravillosa

Maquinaria llamada: Ser Humano "y como están compuestos algunos de sus laberintos.

Que son los cuerpos NISSI?-Los cuerpos NISSI {sustancia cromófila {son agregados basófilos en el cuerpo celular y dendritas de cada neurona pero ausentes en el axón y como agónicos de la unión del cuerpo de la unión del cuerpo de celular axón.

Cada cuerpo de NISSI está compuesto de;

A-saco aplanada {llamados cisternas}
B-Retículos endoplasmicos rugoso {Re rugosa} incrustados con ribosomas del lado del pituso.
c-Ribazones libres
D-Cordones de ribosomas

Unidos entre si llamados polizonas.

Otro dato interesante es el siguiente; Las neuronas son en realidad células secretoras de nosotras misares que rivalizan con las células glandulares como las más prolíficas células productoras de preteridos.

Aparato de Golgi.
El aparato de Golgi es un complejo compuesto de pila de cisterna aplanado.

Mitocondria; Son organitos membranosos que como las plantas de poder de la célula son la principal fuente de energía de cada célula.
Energía, agua y bióxido de carbono con los productos de la respiración

celular y actividad enigmática sobre todo de carbohidratos y en menor grado de aminoácidos y lípidos.

Lisosomas:
Son vesículas membranosas que actúan como un sistema intracelular. Contienen una diversidad de enzimas Hidrológicas que dirigen y degradan sustancias originadas tanto del interior como del exterior de la neurona. Los materiales dirigidos incluyen muchos componentes celulares como receptores y membranas algunas de los cuales pueden ser reciclados. Los llamados gránulos amarillos de lipofucsina

Que se encuentran en las neuronas de edad avanzada se consideran representación del dicho "úsese y trece."

Recomiendo leer lo que queda de este capítulo para una información más completa. Pacemos ahora al capítulo #6 de este interesante libro, este capítulo trata acerca del desarrollo y crecimiento del sistema nervioso de la siguiente manera. Los individuos son tan viejos como sus neuronas, en el sentido de que casi todos estos se determinan de generar en la vida posnatal temprana y no son reemplazados por nuevos durante la existencia; sin embargo, los patrones de conexión especificas dentro del sistema nervioso parecen tener algunas alteraciones de la infancia con la influencia de la experiencia.

Los sistemas cardiovasculares y nerviosos son los primeros Sistemas orgánicos que funcionan durante la vida embrionaria.

En el ser humano el corazón empieza a latir al final de la tercera semana después de la fecundación. Antes de que el corazón lata, el sistema nervioso comienza a diferenciarse y a cambiar de forma. El cre4cimiento de este último ocurre después que el corazón comienza a pulsar y la sangre circula con lentitud para llevar el oxígeno y nutrientes esenciales al sistema nervioso en desarrollo. Durante el segundo mes cuando se aplican estímulos al labio superior del embrión hay un reflejo de retiramiento de la cabeza. Una madre puede sentir que su producto vive desde la duodécima semana del periodo prenatal.

A partir de unas pocas células primordiales las cuales se hallan presentes varias semanas después de la fecundación el sistema nervioso sufre un asombroso cambio ara obtener su compleja organización. Según un cálculo reciente para generar 1 trillón {10} de neuronas del encéfalo maduro se requiere una producción promedio de dos millones y medio de neuronas por minuto durante todo el periodo de vida prenatal. La diferenciación y el crecimiento continúan tras el nacimiento, en especial durante los primeros tres años, hasta que se obtiene la complejidad organizada de todo el Sistema nervioso, más adelante continúan con lo siguiente:

Los intrincados circuitos neuronales y su organización sináptica se conciben como productos de los dos siguientes hechos:

   a-Programas genéticos intracelulares.
   b- Diversidad de características extra genéticas
     {Extracelulares, exigenticas medioambientales.

Después de leer estos últimos párrafos específicamente el que encierro entre comillas; El Autismo como yo lo veo Antes y después de toda esta investigación no es más que {Un mal funcionamiento del Sistema Nervioso} que hace que el mensaje no llegue alardea del Cerebro para que esta de la orden de la ejecución pues bien, como un dato curioso tenemos que el Autismo se comienza a percibir claramente a la edad de los tres años pero, su proceso comienza desde que el niño nace. SI tomamos en cuenta alguno de estos síntomas de ahí es que yo pienso lo siguiente; Podría ser que no fuesen producidas las suficientes neuronas en esta etapa tan importante y de ahí como resultado el síndrome del Autismo; quizás parezca una locura pero no deja de ser una posibilidad muy acertada y digna de investigar: quizás no sea que se rompa la cadena sino que: ¿Que hacer para lograr que se complete esta cadena?

¿COMO DARNOS CUENTA A TIEMPO DE ESTA SITUACION?"Para esto existen 25 pasos que nos lo dicen después que el niño/a ya ha nacido: Pero que si esto comienza desde antes del nacimiento .podríamos encontrar un método que nos permitiera descubrirlo a tiempo durante el periodo prenatal? Podríamos crear algún tipo de medicamento o de terapia que active la formación de las neuronas para completarla y evitar así este

Síndrome.

1- Habría que comprobar que la cadena no está siendo completada.
2- Tendriamos que investigar para ver qué cantidad de las neuronas faltarían para el completo que requiere el cerebro.
3- Crear un medicamento o terapia que estimule al organismo a producir las neuronas que se encuentran en deficiencias.

Yo les pido a todos los padres y profesores que lean este libro: Yo solo he hecho un pequeño recorrido atravesó del Sistema Nervioso con la maravillosa guía de este increíble libro que aún guarda muchas más sorpresas esto es solo una sintieses de lo que somos nosotros, el propósito abrir la mente a todas las posibilidades existentes para encontrar la luz en medio de esta oscuridad y algo muy importante hacer conciencia en todos aquellos que tomen y lean este libro de

Que nadie está excepto a ninguna de estas cosas en la vida, cualquiera de nosotros o de nuestros seres queridos pudiera en un momento determinado formar parte de esta madeja, por favor no olvidemos esto nunca y luchemos juntos p9or mejorar y de ser posible erradicar esta condición de la faz del planeta.

Como hemos visto la relación entre el Cerebro y El Sistema Nervioso es un gran engranaje como dice un viejo refrán tan pegados como la una y la carne; Espero yo haya podido abrir una nueva puerta a todo esta oscuridad y que de estas manera las familias sepan cómo funcionan y puedan manejar mejor cualquiera situación que se les pueda presentar aunque con ellos nunca estaremos del todo preparados pues son impredecibles a 'una caja de sorpresa "pero al menos podremos tener una idea de cómo es el enemigo con el que estamos luchando y podremos darle una mejor batalla. Ojala algún científico tome la idea de lo que aquí expongo y perdonen mi interferencia pues yo no soy médico así se comienzan en ocasiones grandes cosas, {pequeñas o grandes ideas} aunque no faltara a·quienes les parezca descabellado y quizás hasta risible, espero que algún científico la tome en serio y busque por este nuevo laberinto la luz al final del túnel.

REGRECION
UN VIAJE HACIA TU INTERIOR
ESCRITORA: DOCTORA TERESA MATTA.

Antes de comenzar en este nuevo capítulo quiero darle como una especie de pequeña introducción: Ustedes se preguntaran: ¿Por qué la regresión? ¿Que tendrá que ver esto con el Autismo?

Porque en ella podemos encontrar datos que pertenecen a otras vidas anteriores i nos pueden ayudar a entender el porqué de muchas cosas que nos están pasando en esta, y que no alcanzamos a entender.

Aes posible que nada y es posible que mucho todo depende de nuestro pasado, de nuestro calma, y de lo que nosotros mismos hallamos elegido antes de venir a este planeta para tenerlo como enseñanza en forma de crecimiento espiritual y material, por ello tenemos que pedirla a Dios nuestro padre la fortaleza necesaria para salir adelante y lograr sacar adelante a nuestros hijos y familiares cualquiera que sea la situación todo es posible en {EL NOMBRE DE DIOS PADRE}Es por ello que he tomado como referencia el libro escrito por La Doctora: Teresa Mata titulado: Regresión un viaje hacia tu interior.

Les voy a contar una anécdota que me ocurrió con la Doctora, escritora de este libro.

Cuando fui acompañado de mi esposo a "La moderna poesía "situada en el S.W. de la ciudad de Miami, no tenia en mi mente buscar este tipo de libro con esta clase de información para trabajar con el como referencia para el libro que en estos momentos ocupa toda mi atención, y de pronto ahí estaba y como siempre me han interesado este tipo de temas decidí traérmelo a casa conmigo, pues bien días después estoy viendo un programa en la T.V. y pasando el canal me encuentro que en el canal 17 había un programa de información lo encontré muy interesante y decidí quedarme en él, la persona entrevistada era nada más ni nada menos que la

Doctora :Teresa Mata.
Esto lo supe cuando hablaron a cerca del libro, pues el programa ya estaba comenzado cuando encontré por casualidad y decidí quedarme a verlo.
Fue esto realmente una casualidad, ahora no lo creo; Sucedió porque tenía que suceder; porque de alguna manera había un mensajera mí.
Después de esto la llame por teléfono a su oficina y una vez más, me atendió ella personalmente y no su secretaria. "Casualidad "tuvimos una

conversación muy amena. Espero poder conocerla en persona algún día. Ahora sin más preámbulos comenzare a exponer a todos ustedes algunos de los párrafos de este libro que le ayudaran a entender la importancia de ser una persona equilibrada.

DR: Teresa Mata MUCHAS GRACIAS por poner a la disposición de todos nosotros sus conocimientos, su talento, su energía pero sobre todo por regalarnos un poquito del Amor que tiene en su corazón para todos los que la rodeamos.

El hombre tiene la capacidad de registrar en su memoria toda la información cola que va a vivir toda su vida, la base de estos conceptos son grabados en la mente subconscientemente entre los tres y los doce años quiere decir que lo adquirido después de esa edad se superpone sobre las bases ya establecidas.

Es aconsejable que el niño/a conozca desde temprana edad el funcionamiento de su mente, de esa manera el podrá crecer mentalmente sano. Yo añadiera el viejo refrán que decían mis abuelitos "mente sana cuerpo sano."
Un niño es como una hoja de papel donde cada una de las personas que lo rodean escribe algo en él, muchas veces dejan severas huellas en el subconsciente de los niños, ellos pueden marcar para siempre la vida del niño creándole unas series de complejos e inseguridades las cuales lo acompañan en su crecimiento. Este es el hombre del mañana lleno de auto derrota y fracasos.

Decimos que la mente mueve montañas, cuantas veces logramos cosas clasificarse por sus actitudes y comportamientos de las diferentes maneras: emocionales, físicas, fisiológicas, mentales, laborales, espirituales, familiares e intelectuales; estas clasificaciones son efectos de un concepto causado por una información del subconsciente.

Para una persona vivir en un balance perfecto, cada una de las partes de la rueda de su vida debe estar atendida equilibradamente. Todos debemos dedicarles tiempo a nuestras emociones familiar, trabajo, necesidades fisiológicas intelecto, espiritualidad o sea darle la importancia a todas sus áreas y de esa forma lograr el equilibrio satisfecho y con alegría de vivir.

La mente inconsciente es temporal debido a que la información que graba no es permanente, la única parte de nuestra de nuestra mente que es permanente es el subconsciente, el archivo, la memoria; por eso todos los sistemas fisiológicos se le asignan a esos sistemas automáticos, sistemas nerviosos, el corazón, respiración, digestión etc.

La mente es parte de nuestro cuerpo, ella dirige desde un movimiento hasta un pensamiento, ella da la energía por lo cual nosotros podemos tener movimiento, pensamiento Ejú auto está perfecto todo completo pero necesita algo más que se llama combustible, al ponérselo el auto comienza a andar; El ser humano es muy parecido, cuando la información de la mente es de buena calidad ella responde igual.

Cuando conoces tus derechos naturales por nacer, sabes que mereces la abundancia, la riqueza, el éxito, la sabiduría, sabes que tienes el poder, la fuerza y la energía necesaria para vivir toda la vida con paz y tranquilidad, sabes "todo está en tu mente".

Para tu mente todos real, sea cierto o se4a falso lo que tu creas como verdadero será aceptado por tu mente y grabado por tu subconsciente. LA mente tiene tres funciones, la consciente, la subconsciente o reactiva. La mente consciente funciona atravesó de tus cincos sentidos, recibes información que es analizada por ti, tomas una decisión determinas si es o no es de acuerdo a tus creencias según tus puntos de vistas, tus criterios o pensamientos, la concluyen y la grabas, cuando esa información está concluida produce una emoción, entonces la pasa al subconsciente para quedar grabada en tu archivo Mente inconsciente o reactiva.

Los instintos de supervivencia están adjudicados a esta parte de la mente ella evita los riesgos es la que emite los juicios, también es la encargada de producirte los pensamientos, esta parte de la mente tiene acceso al almacén de la memoria {la mente subconsciente} la misma saca información para exteriorizarla en pensamientos actitudes y compartimientos; pero como la mente reactiva es negativa por naturaleza, lo que nos da en su memoria es negativo. Es la función más complicada y menos comprendida o reconocida de la mente, por esta razón muchos ignoran o desconocen su existencia. Quizás te estés preguntando cómo es posible que siendo la inconsciente o reactiva negativa haya sido capaz de permitirnos evolucionar y no habremos extinguido; muy sencillo, ella nos hace reaccionar frente al peligro; pelea o corre.

A la mente inconsciente o reactiva no le importan tus deseos, si sufres, si eres infeliz o no eres, lo que dece4as ser, lo importante para ella es mantenerte protegidos. Una de sus características es que no tienen contacto con el medio exterior por lo tanto solo puede asumir y suponer que toda la información que está en el subconsciente es real, la da como buena y la protegerá.

También la mente inconsciente o reactiva rige el pensamiento, Cuando pensamos lo hacemos con la información recogida en el subconsciente. Más adelante continuare con una serie de datos muy importantes que se encuentran en este libro.

Yo he aprendido que es muy importante la información que grabamos en la mente reactiva, por ello debemos tener un equilibrio especial en cada una de los casos que nuestros hijos captan del exterior para ser grabados y que de una manera u otra afectaran el futuro desarrollo de sus vidas como adolecentes y posteriormente como adultos.

Si estos niños son Autistas o tienen cualquier tipo de impedimento nuestro interés que lo que graben sea lo correcto o lo más cercano a lo correcto debe de ser mayor y el esfuerzo para que su "auto estima "se mantenga lo más elevado posible, destacando lo que ellos son capaces de hacer y poniéndolos como ejemplos para aquellos que teniendo en cuenta todo esto destruyen sus vidas y las de su familias con vicios de distintas clases dejándose llevar por la ignorancia y malas influencias.

Es importante que aprenda que si en ciertas áreas son diferentes pero diferentes pero que no por ellos han dejado de ser seres humanos, con sueños e ilusiones y muchas ganas de vivir.

Pacemos ahora a la mente subconsciente; El sistema automático físico y fisiológico está asignado al subconsciente. Todos los sistemas automáticos de nuestro cuerpo están dirigidos por la mente subconsciente, por Elba circulación, la digestión, la respiración, el corazón no sabemos cómo dormimos despiertos en cualquier estado anímico funcionan exactamente igual.

Otras de la funciones de la mente subconsciente es grabar la información. Es el almacén de la memoria; posee como una especie de archivo con diferentes carpetas donde guardara toda la información llegada del exterior durante todo el día o las horas de vigilia.

Mientras descansamos o dormimos especialmente nuestra mente subconsciente cumple su función de archivar en sus diferentes carpetas todas las emociones sensaciones o conceptos recibidos conscientes o inconscientes al almacén de la memoria.

El subconsiente es impersonal no distingue entre una persona u otra, no tiene sentido del humor, es literal; por eso nos devuelve todo lo que nosotros fijamos en ella. Si tenemos un pensamiento negativo, o un pensamiento positivo, ella no sabe la diferencia, ella va a devolvernos lo que nosotros sembramos o lo que nosotros plantamos.

La mente subconsciente es dócil, no dice nada, no pelea, tampoco entiende de bromas, no tiene sentido del humor sencillamente graba o almacena, lo acepta y lo asume como bueno, o sea positivo o negativo, ella solamente responde a tus deseos.

Cuando haces un comentario sobre ti mismo el subconsciente no sabe si lo hiciste en broma o en serio; ella lo guarda y luego lo convierte en un concepto.

Una vez más en mi modesta opinión convencida de que debemos grabar conceptos positivos para poder lograr nuestras metas, de lo contrario estas estarán cada día más distantes y es muy importante que nuestros niños aprendan a ser positivos desde pequeños de esta forma terminaran logrando todos o casi todos sus sueños; creo además que en el caso de los niños Autista esta cualidad debe de usarcé en las terapias y enfatizarles mucho con la palabra tu si puedes para que ello deje de ser una simple palabra y se convierta en una orden directa que el cerebro pase al organismo y el niño pueda realizar, cuando esto ocurra en un par de ocasiones este niño /ni se dará cuenta que para él no hay nada imposible y entonces pondrá todo su empeño en lograr lo que se proponga esto se revertirá en un avance significativo, pues traería como consecuencia un hecho tras otro que llevaría el niño/a un mejor desenvolvimiento y a una mejor calidad de vida.

La doctora continua su narración hablando de otros tópicos interesantes de los cuales Yo decidí substraer lo siguiente:
    Tus derechos por nacer

1-Amarnos es nuestro primer derecho, quiere decir aceptarnos tal y como somos, estar de acuerdo con nuestro cuerpo, pelo color de piel etc; sentir orgullo de nuestro ser

2-Rie, tu riza es como el sol brillante en un día de primavera, mantén tu infantil ingenuidad, la responsabilidad de tu vida llegara en su momento, ahora tus días de juegos y barullos es la base del hombre de temperamento valeroso y valioso a la humanidad.

3- Tienes derecho a la felicidad, es tu recompensa por lo que hayas hecho por ti y tu propio prójimo.

4-Tú tienes derecho al éxito, poder y riqueza del universo tanto como a llevar el nombre que tienes.

5-Aceptarnos como somos es mágico, todas las cosas de nuestra vida van bien, todo lo que deseamos se sucede en forma de pequeños o grandes milagros.

6-tienes derecho a expresar libremente tus emociones, eres el centro del universo; todos los que te rodean te aman unos saben demostrarlos otros no.

7-No te critiques jamás bajo ningún concepto, condición o circunstancia, ni critiques a los demás, la crítica nos invalida, nuestra mente no conoce si hablamos de ti u otra persona, ella no tiene sentido del humor, es literal, su función es aceptar conceptos como buenos, los guarda y nos lo devuelve con una emoción en el momento requerido.

Perdonarnos a nosotros mismos y perdonar a los demás de corazón sin reservas ya pesar de. ..Perdonar rompe las murallas visibles que te atan al fracaso y la frustración.

9- El momento del poder es ahora, en tu presente El pasado está acabado no es tuyo, no te pertenece, pertenece al pasado; es ahora tu hora de poder.

10- Nunca te juzgues y menos te condenes, tus actitudes
Mentales son determinantes en tu vida, tu mente es como la tierra te devuelve lo plantado en ella El poder de tu mente es ilimitado, tueras el único pensador de tu mente, por lo tanto tu escoges tus pensamientos Vuela, vuela tan alto como desees, que nada ni nadie será capaz de detener tu vuelo hasta encontrar lo que buscas.

En este capítulo yo junto a todos ustedes he aprendido que todos sin acepciones tenemos derecho a vivir una vida plena y que todos sin acepciones tenemos el deber de luchar por ella, también hemos aprendido algunas reglas para poder lograr este propósito al cual tenemos derecho por ser hijos de Dios y Formar parte del universo la más maravillosa creación que nadie podrá jamás crear, pero hemos aprendido además la gran importancia que juega nuestra mente en todo esto, de esta manera y sin proponérmelo estoy reafirmando algo acerca de lo ya establecido en el artículo anterior tratado por mí y escrito magistralmente por grandes escritores y especialistas en la materia para quienes reitero mi más grande agradecimiento por su devoción y dedicación a la humanidad. Con esto queda demostrado una vez más que en el caso del Autismo necesitamos reforzar las cosas positivas y aprovechar la mente fotostática de estos niños/más para obtener un mejor resultado, necesitamos además hacerles entender que ellos si pueden, y solo entonces podrán hacer muchas cosas, hay que disciplinarlos lo más posible, para hacerles saber que es uno quien está en control de la situación, pero más que nada hay que demostrarles que no por tener una condición que los hace ser o actuar diferente a los demás son rechazados al final todos somos distintos entre sí, todos tenemos defectos y todos cometemos hervores y ellos no son la excepción de la regla, por lo tanto el AMOR siempre tiene que estar presente.

Pasamos ahora a nuestro próximo tópico no menos interesante que el que acabamos de terminar, en este tópico vamos juntos a aprender sobre algo muy interesante estos datos él tome del libro "Los ritmos de nuestro cuerpo".

Los Ritmos de Nuestro Cuerpo

Escritores:

Susana Perry y Ji Dawson

Comienzo hay día 6 del mes de marzo de 1997 un nuevo capítulo para el libro que estoy escribiendo y que por consiguiente está en estos momentos ocupando toda mi atención, estoy escribiendo relacionado con el Síndrome El Autismo y todo lo que yo considero que de una u otra manera pudiera estar relacionado con él.

Para este nuevo capítulo cuento con un pequeño estudio hecho por mi humilde persona al magnífico libro "Los ritmos de nuestro cuerpo". Ustedes se preguntaran que tiene esto que ver con el Autismo o Como puede esto afectar a las personas que tienen este síndrome o aún más Como podría esto ayudar a mejorar esta condición? Esas fueron las mismas preguntas que me hice yo cuando comenzó a trabajar con este libro maravilloso escrito por dos escritores valga la redundancia y periodistas muy reconocidos por la magnífica labor que ambos realizan y a quienes yo particularmente agradezco por esta obra, por su tiempo su dedicación y sabiduría sus nombres son; Susana Perry y Ji Dawson recorramos juntos este nuevo camino, esta nueva posibilidad que se abre ante nosotros para poder encontrar Una Luz Al Final del Túnel.
"Los ritmos de nuestro cuerpo "fue editado por la editorial "Ediciones Martínez, S. A. Comenzando en la página 20 con el tema, La naturaleza de los ritmos de he extraído algunos párrafos del libro, para una información más completa recomiendo leer todo el libro pues bien comencemos.

Los ritmos del cuerpo están estrechamente conectados con los cielos del mundo que nos rodean, especialmente con la salida y la puesta del sol. De hecho, muchos cronos biólogos creen que nuestros ritmos internos evolucionaban originariamente en respuesta al ciclo de luz y oscuridad del sol. Contar con estos ritmos permitía a nuestros primeros antepasados anticipar los cambios en el mundo físico a su alrededor y con ello proteger y preservar las especies. El punto más alto de nuestros sentidos al atardecer aseguraba, por Eje que nuestros ancestros estuviesen más alerta a los depredadores durante las peligrosas horas del crepúsculo.

En los primeros tiempos, probablemente los ritmos internos del hombre se ponían en movimiento con el sol. Puerto gradualmente, atravesó de la evolución, los ritmos fueron introduciéndose profundamente en nuestro cuerpo, y si bien nunca han perdiendo el contacto con los ciclos solares, pueden ahora hacer n camino independientemente de la influencia del sol. Uno de los primeros científicos que descubrió esta naturaleza independiente de los ritmos biológicos fue el astrónomo francés del siglo XVIII Jean Jacques d Rotores de Marian.

EN EL 1729 LLEVO A CABO UN PEQUENO EXPERIMENTO EN EL CUAL OBSERVO QUE LAS HOJAS DE UN HELIOTROPO QUE NORMALMENTESE ABRE POR LA MANANA Y CIERRAN POR LA NOCHE, SIGUEN CON ESTE ESQUEMA INCLUSO SI LA PLANTA ES COLOCADA EN LA OSCURIDAD DURANTE VENTICUATRO HORAS.

En otras palabras los ritmos de los seres vivientes -tanto plantas como animales se heredan. Forman parte de nuestro cuadro genético.
El trabajo de Maira fue ignorado prácticamente durante dos
Siglos.

Los científicos comenzaron entonces a observar los ciclos diarios de los animales y encontraron el mismo fenómeno.
; Poe Ej.; un tipo particular de ardilla encerrada en constante oscuridad mueve la rueda de ejercicios exactamente cada 24.21 minutos.

Gracias a la ayuda de voluntarios que han pasado semanas a veces meses en grutas subterráneas etc. con aparatos de todas referencias de tiempo, ahora sabemos que los ritmos humanos también se manifiestan independientemente de los ciclos del sol.

La mayoría de nosotros tiende a tener un ciclo diario ligeramente más largo que el ciclo de veinticuatro horas del sol, a pesar de que hay algunas personas que tienen ciclos más cortos de veinticuatro horas. En otras palabras, nuestra natural inclinación es ir a dormir y levantarnos cada día un poco más tarde. En este sentido, somos como otros animalitos que son activos durante el día; los animales que son activos de noche por otra parte, tienen una tendencia natural hacia un ciclo diario que es más corto de veinticuatro horas. Nadie sabe la razón.

Capacidad de Sincronización

Afortunadamente, nuestros cuerpos son capaces de ajustarse por sí mismo al ritmo de veinticuatros horas gracias a muchos e importantes índices del tiempo. Los cronos biólogos llaman a estos ZEGEBERS.

Pueden encontrarse fuera de nuestro cuerpo, otros están localizados dentro de nuestro cuerpo y algunos forman parte de nuestros hábitos diarios.

Así pues los Zeitgebers tienen un papel crucial en nuestras vidas. Almas obvio e importante indicador del tiempo externo es la aparición y desaparición del sol en el cielo. El ver levantarse el sol por la mañana indica al cuerpo que es hora de que algunos de nuestros ritmos internos se pongan en marcha, incluso si su natural inclinación sería la de esperar otra hora más o menos. De la misma forma la proximidad de la oscuridad es un indicador ritmos bien de despertarse, bien de adormecerse.

Otro indicador externo que proporciona la naturaleza incluye hachos como el gorjeo de los pájaros por la mañana y el aumento y descenso de la temperatura del aire. Incluso los electromagnéticos pueden jugar un papel en la sincronización de nuestro ritmo interno.

Sin embargo, ninguno de ellos resulta un indicador más potente que el sol. Los Zeitgebers no solamente sincronizan nuestros cuerpos con el día solar; también ayudan a nuestros cuerpos a anticiparse al cambio de estación. Los peligros de la falta de sincronización:

Estar fuera de ritmo es muy desagradable, es también poco saludable. Numerosos estudios realizados con plantas, moscas y humanos han mostrado que los seres vivos crecen más rápido, producen más y simplemente están más sanos cuando sus ritmos internos están en armonía con el medio ambiente. Las personas que trabajan cambiando los turnos o cruzan frecuentemente los husos horarios {o ambos como los pilotos} padecen de numerosos problemas físicos, como nauseas,
Dolores de cabezas, ojos irritados, calambres en las piernas, irregularidades en la menstruación y problemas crónicos de sueños. Asimismo tienen más problemas conyugales y emocionales que la mayoría de la gente.

Mantener un horario irregular puede incluso acortar la vida.
Bien tomando en cuenta todo lo que hasta ahora hemos visto atravesó del libro no nos queda duda de que: NUESTRO CUERPO TRABAJA MEDIANTE RITMOS QUE SON CIRCONIZADOS Y QUE PUEDEN SER INTERNOS O EXTERNOS.

De aquí la importancia de sincronizar los ritmos de los niños y personas con el síndrome del Autismo o cualquier tipo de deshabilita pus si para nosotros los que no tenemos estos problemas es importante para ellos loes doblemente, pues de este modo podremos planificar mejor los programas especiales colocando cada clase en el horario que va con el desarrollo de estos, podríamos obtener mejor provecho y los beneficios serían mayores. Continuamos ahora investigando en este increíble libro a qué ritmo responde esta investigación es posible gracias a este magnífico libro escrito sin lugar a duda por un increíble tan de profesionales muy calificados que han puesto en él lo mejor de sí mismos.

Ritmo diarios y La eterna juventud.

Se sabe más de los ritmos diarios o circadianos -que sobre los otros, porque son más fáciles de detectar y medir. El ritmo circadiano más claro es el ciclo dormirse / despertarse, pero también existen otros ciclos, la temperatura, la presión sanguínea, la secreción de hormonas, la división de hormonas, la división de células y más. De hecho, se creó que todas las funciones del cuerpo están gobernadas por algún tipo de ciclo diario. Ritmos estacionales y Locura invernal.

"El calcio influye enormemente en el sistema nervioso; es necesario para la transición de los mensajes atravesó del cuerpo."

Aquí en este punto quiero yo detenerme porque lo considero muy importante:

1- Sabemos ya que las neuronas no terminan de formarse cuando la persona nace, sino a los tres años de edad; sabemos que son ellos los encargados de la comunicación entre el sistema nervioso y el cerebro. 2-Sabemos además que es en este periodo básicamente cuando aparecen los síntomas del Autismo {visibles}.

SI analizamos esto podríamos pensar que si el calcio influye tanto en el sistema nervioso para transmitir los mensajes existe la posibilidad que la falta o exceso de calcio ya sea solo o unido a otra sustancia química puedan producir un desbalance en la formación de las neuronas, y a la vez esto traiga como consecuencia que se rompo en algunos caso o que se debilite en mayor o menor escala la conexión "Cerebro -Sistema nervioso". Y esto tenga como consecuencia el autismo con sus diferentes grados.

Después de esta reflexión continuo viajando por este increíble libro que en unión de los anteriores me esta ayudando a encontrar una respuesta y una esperanza para todos aquellos que padecen de este mal.

Durante siglos todo tipo de extrañas creencias han sido atribuidas a la luna. Los pueblos primitivos atribuían a la luna gran cantidad de poderes místicos, de4sde ser la causa de embarazos hasta volver loca a la gente.

De hecho, la palabra lunático viene de la luna.

Por otra parte las investigaciones que han estudiado el efecto de la luna en nuestro entorno no han demostrado en nada concluyente. Algunos por EJ; muestran una conexión directa entre las fases de la luna y la incidencia de homicidios, suicidios y enfermedades mentales. {Otras no indican esta conexión}.

Sin embargo existen evidencias de otros ritmos mensuales, algunos profundamente arraigados en nosotros que probablemente evolucionaron hace millones de años en respuestas a los o ciclos de la fuerza de gravedad, de la luna sobre la tierra.

Esta fuerza es muy intensa; No solo es la causa de las mareas, de los océanos, sino que también es la causa de que la corteza terrestre aumente y disminuya hasta más hasta más de 40 cm.Nuestros ritmos mensuales están probablemente más sincronizados con la atracción de la Luna, y en menor medida con los cambios mensuales de la luz lunar.

El más claro de estos ritmos mensuales es el ciclo menstrual de las mujeres. El promedio del ciclo menstrual es de 29.5 días la duración exacta del ciclo de la luna. A causa d los cambios biológicos que forman parte del ciclo reproductivo, las mujeres experimentan asimismo algunos otros ritmos mensuales, desde oscilaciones de humor y de deseo sexual hasta cambios en la susceptibilidad a la enfermedad.

Los ritmos mensuales no están acentuados en el hombre como en la mujer, pero parece que existe.

Los ritmos semanales -conocidos en cronobiología como Cinaseptan, son uno de los hallazgos más complicados y fascinantes de la cronología. Los ciclos diarios y estacionales tienen claro vínculo con el sol; y los ciclos mensuales parecen estar conectados a la Luna.

Las plantas, los insectos y otros animales, aparte del ser humano también tienen ciclos semanales.

Los ciclos biológicos semanales son difíciles de detectar. De hecho, los crono biólogos ni siquiera es tan seguros que existan hasta hace muy poco t tiempo. Pero los ritmos semanales han sido encontrados en el cuerpo, incluyendo funciones básicas corporales como la presión de la sangre, los latidos del corazón, y la temperatura oral. Asimismo, se han descubierto esquemas semanales en el acenso y descenso de algunos cuerpos químicos como el cortisol, la que ayuda al cuerpo a soportar la tensión nerviosa.

Analicemos este último párrafo podría esto de algún modo estar relacionado con los niños/más con el síndrome Autismo; Todos sabemos que estos niños/más tienden a ser agresivos podría ser posible que exista una relación entre este ritmo? Podría este estar alterado en alguna forma en ellos y tener como consecuencia que dicha hormona {el cortisol}con su ascenso hiciera que ellos se pusieran rebeldes o agresivos y con su descenso los hiciera ponerse más alegados o encerados contribuyendo así a vivir en ese mundo tan enigmático ¿Qué piensan ustedes al respecto? Aún hay algo que es interesante pero que no lo voy a tratar y por lo cual recomiendo leer este libro extraordinario. Son; Los ritmos extradinarios y el enigma de los noventa minutos.

Es conocido de todos que las personas que tienen el síndrome del Autismo tienen a su vez lo que es conocido por todos como "Memoria Fotostática" o sea que les basta ver algo una vez y lo memoriza instantáneamente pues bien entre otras cosas este libro trata de la memoria, cuando la memoria está en su mejor momento a igual que el raciocinio, etc.

La memoria inmediata o a corto plazo es mejor durante las horas de la mañana; de hecho alrededor de 15% más eficiente que en cualquier otra hora del día.

La memoria a largo plazo es otra asunto, la tarde es mejor momento para aprender materias que se quieren recordar días, semanas, incluso meces después.

Los estudiantes, por lo tanto, harán bien programando las clases más importantes o difíciles por la tarde. Asimismo deberían de estudiar por la tarde en vez de por la noche.

La actitud para recordar cosas depende de cuando usted las aprende no de cuando usted las recuerda.

Las TAREAS SIMPLES Y REPETITIVAS SE REALIZAN MEJOR HACIA MEDIA TARDE. La DESTREZA MANUAL, LA RAPIDEZ Y LA COORDINACION CON LA CUAL USTE PUEDE REALIZAR TAREAS COMPLICADAS CON LAS MANOS ES SIN LUGAR A DUDA MEJOR DURANTE LAS HORAS DE LA TARDE.

Observemos bien este tópico del cual estamos hablando, los niños Autistas aprenden mucho con la repetición, sobre todo si hablamos sobre la terapia que reciben para aprender a hablar este es uno de los tópicos más importantes y que más nos preocupa tanto a padres como a maestros debido a la importancia que tiene la comunicación en todas las actividades del ser humano.

Los sentidos están más agudizados durante las horas del crepúsculo, es decir la última hora de la tarde y primeras de la noche.
El mejor momento para jugar deporte es durante la tarde y el atardecer.
La jornada biológica no es más que la medida del tiempo en los ritmos circadianos; esto significa cuanto matutino o cuanto nocturno es usted, yo y todos.

Después de analizar todos estos ritmos de nuestro cuerpo al menos en mi experiencia con los niños Autista {mis hijos}

No me cabe duda que la jornada de sus ritmos biológicos es nocturna. Teniendo y tomando todos estos datos interesantísimos nos damos cuenta que si tanto en los colegios como en las casas trazamos algún plan {de estudio o recreativo} siguiendo la frecuencia de estos ritmos ello {los niños/más}tendrían un mejor aprovechamiento de todos los estímulos externos que van a recibir levantando así su auto -estima y su capacidad de aprendizaje; estoy convencida que el plan de estudio en las escuelas de clases especiales deben de ser elaborados tomando en cuenta esta situación para sacarle el mayor partido posible para el bien de todos los niños del planeta y de las futuras generaciones.

En el tercer capítulo de este libro sus autores lo dedican a la importancia de dormir.

En vista de que las personas tanto niño como adultos con el síndrome de Autismo son además en su mayoría hiperactivos durmiendo pocas horas sobre todo en la primera fase de su infancia he decidido traer a colección {atención} este tema que está expuesto tan brillantemente en este libro. Esto a su vez me compromete a tratar de traer el tema de la hiperactividad y ver como esta influye no solo en el sueño sino también en el resto de los ciclos y actividades de los niños con el síndrome del Autismo, cual es la relación que existe entre ambas y por ultimo como afecta en general a su comportamiento haciéndoles variar su conducta.

Cada uno de nosotros tiene un ritmo interno dormir/despertar que, guste o no guste es quien dista cuanto necesitamos dormir cada uno, cada noche. Parece que es un ritmo con el que hemos nacido y que esta interconectado con otros cronómetros internos.

Desgraciadamente se trata de un ritmo que no podemos cambiar así pué, ¿Cuándo necesita usted dormir? En primer lugar, olvide los libros que citan la necesidad de dormir ocho horas cada día {noche}, La cantidad de sueno necesario es diferente para cada individuo; Pero, como promedio un recien nacido duerme alrededor de 17 o 18 horas diarias; un niño de cuatro años de 10 a 12 horas.

Durante la adolescencia, la cantidad de tiempo que pasamos durmiendo continua decreciendo hasta llegar, siendo jóvenes adultos a dormir un promedio de 7 1/2 horas durante las siguientes décadas, nuestras horas de sueños siguen disminuyendo, pero de forma gradual hasta LLEGAR APROXIMADAMENTE A 6 HORAS Y MEDIA POR CADA NOCHE A UNA EDAD AVANZADA.

Pero son simples promedios. Cada uno de nosotros tiene una exigencia precisa de sueño que esta genéticamente determinada.

La mayoría de nosotros por mucho que lo intente no puede estar despierta indefinidamente. Nuestros cuerpos nos obligan a dormir, aunque solo fuese en breves "micro sueños"

De algunos segundos.

La falta prolongada de sueños afecta a cada uno de formas diferentes. La gente de edad avanzada, los alcohólicos, personas de baja tensión nerviosa o que no están en buena forma física tienden a reaccionar más severamente a la falta de sueño.

Ritmos Nocturnos

Cada noche, al dormirse, usted emprende un viaje similar al del ascensor, arribas y abajo atravesó de las cuatro estaciones del sueño, una carrera completa dura generalmente entre 60 y 90 minutos y se repite cuatro o cinco veces cada noche. Este es uno de los ritmos ultra diarios más evidentes Fase 1 {sueno ligero} 5 al 10%de la duración total del sueño. Los músculos se relajan, seguidos de una sensación de ir a la deriva y flotar. Las ondas cerebrales disminuyen su velocidad a un promedio que va de entre 13 a 35 pulsaciones por segundo {conocidas como ondas betas} a entre 8 y 13 pulsaciones por segundos {conocidas como ondas alfa}.

Baja la presión sanguínea.

El pulso aminora su ritmo hasta descender a 10 pulsaciones por minuto. El nivel de azúcar y calcio en la sangre aumenta.
La sangre inicia procesos de desintoxicación, expulsando las toxinas de las células. Este proceso tiene su punto más alto {para personas que duermen de noche} hacia las cuatro de la madrugada, que es también el momento en que la temperatura alcanza su punto más bajo.
Fase 2 {sueno ligero} 50% de la duración total del sueño.

Las ondas cerebrales siguen bajando hasta entre cuatro y ochos pulsaciones por segundo {conocidas como andas theta} con rápidas y periódicas estallidos de actividad conocidos como husos.
El metabolismo corporal, presión de la sangre, temperatura, pulso - sigue bajando.

Los ojos ruedan lentamente de lado a lado si nos levantan los parpados, no podemos ver.

Durante esta fase del sueño, podemos ser despertados fácilmente. Una vez despiertos, podríamos negar estar durmiendo.

Fase 3-4 {sueño profundo} 25% de la duración total del sueño en jóvenes adultos {más en los niños menos en personas mayores.
Largas, ondas cerebrales de menor de cuatro pulsaciones por segundo

{ondas delta}.

La respiración se vuelve pesada y los músculos se relajan completamente.

En este estado no podemos ser despertados fácilmente; solamente un ruido muy fuerte o la repetición de nuestro nombre pueden sacarnos del sueño.

Si nos despiertan nos sentimos confusos y atontados, particularmente los niños.

Esta es la fase en la cual es más fácil mojar la cama, andar y hablar dormidos.

El metabolismo del cuerpo alcanza su punto más bajo; no obstante, se liberan algunas hormonas durante la fase de este sueño, incluidos los que ayudan al cuerpo a crecer y sanar.

Fase 5 REM {rápidos movimientos oculares sueno de los sueños} 20 a25% de la duración total del sueño.

Caracterizados por rápidos movimientos oculares {REM}

-Manifestación de sueños
-Las ondas cerebrales aceleran la velocidad del 13 a 35 pulsaciones por segundos
-Los latidos del corazón y la presión sanguínea se vuelven en regulares, fluctuando a veces salvajemente.
-Aumenta la necesidad de oxígeno, con la cual la respiración se vuelve más rápida.
-Las glándulas su barrénales empiezan a segregar gran cantidad de hormonas en el cuerpo.
-Los esteroides alcanzan su punto más alto del día.
-el cuerpo sufre una parálisis durmiente; si nos despiertan, podríamos no ser capaces de movernos durante algunos segundos.
-El incremento de flujo sanguíneo en los genitales provoca una erección en los hombres de todas las edades.

Nuestro primer encuentro con la fase REM normalmente dura de 5 15 minutos, caemos seguidamente en las fases 3-4 del sueño a pesar de que

esta vez nuestro sueño profundo no dura tanto como el anterior.
A continuación volvemos a otro periodo de REM donde pasamos sonando un rato más largo que la primera vez.

Y es así como pasa la noche: cuatro o cinco ciclos completos, cada uno con una duración de aproximadamente de 60 a 90 minutos. Cada vez el sueño profundo o faces3-4 se vuelven más cortos, hasta que hacia el final de cada noche incluso podemos saltarlos completamente. La fase REM es cada vez más larga, hasta que al final del ciclo podemos pasar cincuenta minutos o más sonando. Ello explica por qué podemos recordar mejor los sueños habidos justos antes de despertarnos por la mañana. En este momento el ciclo del sueño ligero no es preponderante.

-Lo que hace por usted el sueño profundo-
1-Regenera el cuerpo y el cerebro
2-Estimula el crecimiento
3-Precerva la salud mental
-Lo que el dormir sonando hace por usted-
1-Consolida y ordena la memoria
2-Estimula el aprendizaje.
3-Refuerza nuestra seguridad física.

Cambios de Forma de Vida y Como Afectan Estos al Niño/a Autista

Una mañana del mes de abril del mismo año mi hermano y mi cunada que estaban viviendo en una casa la cual habían comprado hacia algunos años debido, debidos a problemas de índole económicos deciden poner en venta su casa; Mi hermano tenía que vender la casa lo antes posible pues tenía un trabajo en otro lugar {Fort Mayer} donde iba a ganar más dinero y donde su esposa tenía la posibilidad de trabajar con su padre y de esta manera lograr un mejor nivel, más estable en cuanto a la economía se refiere.

Mi hermano me comunica a mí la decisión que han tomado y yo sin decirle nada a él; hablo con mi esposo y planteo la situación y después de hablar de nuevo con ellos llegamos a un acuerdo: para no cansarlos con este largo proceso de pronto nos vimos haciendo cagas y preparando la mudada para la ciudad vecina de Miramar que pertenece al condado de Bromar.

Ellos a diferencia de lo que muchas personas creen entienden y en los casos más severos perciben que algo no está igual que todos los días, que la rutina de su vida ha sufrido o está a punto de sufrir una variación .Que sea para bien, Que sea para mal- Eso es una interrogante sin respuesta para ellos pues la situación no depende de ellos: Esto los hace ponerse hiperactivos y en algunos casos agresivos, pero más que nada ansiosos. Ellos entendían que estaba pasando a su alrededor y era para ellos todo una aventura, cuando algo de esto ocurre tenemos que ser todo lo prudente que nos sea pasible, pero sobre todo muy paciente.

Estamos en el mes de mayo del año 1996 y en estos meces anteriores han ocurrido cosas que quiero compartir con todos ustedes. Yo como toda mama que quiere y se preocupa por sus hijos al vivir en una ciudad tan grande y cosmopolita, como lo es la ciudad de MIAMI; llevaba a mis hijos a la escuela todos l9os días y por supuesto también los recogía a la hora de la salida de la escuela; Así en esta forma y tomando toda clases de precauciones pasaban los anos y la vida era ya una rutina, con pequeñas acciona que muy de vez en cuando.

Pero un día por azares del destino la rutina se rompe y se comienza una nueva etapa, con nuevos proyectos y cambios drásticos.
Estos cambios por supuesto nos afectan a todos, pero sobre todo a nuestros hijos {aunque aquí en este libro voy a referirme únicamente a mis dos hijos con el síndrome del Autismo.

Volvamos ahora a los preparativos de la mudada, era increíble ver con qué alegría Mary guardaba celosamente sus juguetes en las cajas que ella misma preparaba ver a Ernest como me ayudaba con un gran entusiasmo a hacer las cajas y a cerrarlas con los tape una a una para asegurarse de que estaban bien cerradas.

Así poco a poco comenzamos a traer las cosas y mi hermano comenzó a sacar las suyas, lentamente fuimos moviendo las cagas pues parte de la mudad tuvimos que hacerla así de a poquito, mas nuestros hijos sin aun estar mudados totalmente comenzaron a sentir que esta era su próxima vivienda o casa.

Finalmente llego el día de la mudada total, Ernest se limitó a estar jugando la mayor parte del tiempo en el cuarto mientras que Mary ayudaba a colocar cosas en el camión a su tío, tan grande eran sus ganas de verse viviendo en una casa que sin que nadie le pidiera su ayuda prácticamente mudo a su tío de la casa.

Su energía era dinámica y su sonrisa era como un sol cuando comienza a despuntar, estaba empezando a convertir su sueño en realidad, ya no tendría más miedo si al llover hacia viento, ya no habría que buscar refugio porque anunciaran tornado o un ciclón, {pues para ella y para todos los que vivimos el huracán Andero el ver llover nos ponía los pelos de punta en un móvil home la seguridad es sencillamente cero y ellos aunque aparentemente viven en su propio mundo se dan cuenta perfectamente de lo que pasa a su alrededor, quizás sea solo por instinto "El instinto de supervivencia que todo ser viviente tiene y que le permite sobrevivir a muchos de estos fenómenos en el planeta.

Pasador varios días para que pudieran comenzar las clases, Tomaron aproximadamente dos semanas primero Mary y una semana después comenzó Ernest. En este lapso de tiempo todos nos fuimos adaptando a la nueva casa, el nuevo barrio, nuevos vecinos, poco a poco comenzamos a descubrir donde se encontraban los comercios, hospitales, los colegios etc.

En este medio tiempo fuimos a la ciudad de Miami varias ocasiones, para que el cambio no fuese tan brusco los llevaba con frecuencia a ver a sus antiguas maestros y a sus compañeritos de clases, la emoción fue muy fuerte para todos, hasta para mí, pues los maestros de mis hijos más que sus maestros son nuestros amigos.

En esta nuestra primera visita las reacciones fueron de la siguiente manera: Mary se bajó del carro y corío rápidamente para su aula, comenzó a abrazarlos a todos sus maestros, uno por uno y después ocupo la silla que siempre había ocupado es su clase.

Ernest en cambio entro muy calmado con migo y con Esther {mi hija mayor} y todos sus compañeritos de la clase gritaron a la vez Ernest es ere, "tal parece que es muy popular": He es no asentó toda {Él no está ausente hoy.} Esto como era de esperarse nos emocionó a todos luego comenzaron los abrazos, primero fue a su maestra La Señora Torres, pero, cuando le toco el a su otra profesora la señora Carol, no pudo más y rompió a llorar, a ella también se le llenaron los ojos de lágrimas pues él siempre fue su consentido.

Ese día fue muy especial para mi pues me entere que yo había sido nominada por todos los maestros de esa área como la madre del ano, e invitada a un banquete que se iba a celebrar en la escuela para rendirle tributo a las padres de los distintos grados y clases que tuvieron el honor de ser nominados; Para mí fue algo sorpresivo y a la vez muy halagador y un verdadero orgullo que ellos pensaran en mi humilde persona, pero en realidad pienso que es a ellos a los que realmente debíamos de homenajear todos los padres por la alta labor que realizan con todos nuestros niños muchas veces incluso sin tener las herramientas necesarias, y muy especialmente a todos los que trabajan con nuestros niños incapacitados por hacer suya esta causa y este dolor luchando día a día a brazo partido minuto a minuto por ganarle la batalla a este síndrome y a otros más. Yo

Los honro a todos porque todos merecen ser honrados.

Regresamos el día del banquete y ellos fueron quienes quedaron de mis hijos para que yo pudiera participar del mismo, estaban felices porque los tenían de nuevo en las aulas y ellos estaban de estar en las aulas.
Todo quedo muy hermoso y regresamos a casa {Miramar} entonces unos días después fuimos a dar un tour "visita " pues aquí ambos no podrían asistir a la misma escuela.

Pero este no era solo el cambio, ahora comenzarían a ir en las guaguas escolares, con niños que no conocían con choferes que nunca habían visto en su vida y sin la compañía de mama, como había sido durante todos los años anteriores.

He aquí otro cambio que vendría a romper la rutina a la que ellos estaban acostumbrado, era como comenzar una nueva vida y esto pasar todo niño/a Autista es algo muy difícil que debe de ser manejado con mucho texto y mucha naturalidad he aquí otro cambio, había que comenzar a levantarse más temprano pues hay que estar listo más temprano cuando lleguen las guaguas, Ernest se levantara a las 5:30 A.M. y Mary a las 6:00 AM las clases comienzan a las ochos y terminan a las dos de la tarde.

El cambio de horarios es sin duda alguna otro de los cambios bruscos al que se tendrán que enfrentar {ya lo están enfrentando. Pues bien llego el momento yo con toda honestidad les digo que tenía un gran temor pues no tenía ni la menor idea de que iba a resultar de todo esto, llego el momento,

Mary comenzó antes que Ernest y fue increíble ver en qué forma asimilo el cambio, su nuevo profesor de la escuela Que y todos en general nos quedamos asombrados con la facilidad de adaptación que tuvo, después todos los profesores se asombraron mucho con los conocimientos que traían de Miami, el acoplamiento aunque tomo su poquito de tiempo fue fácil y satisfactorio. En cuanto al ir en la guagua, Yo diría que le encanta, pues se siente más independiente y poco a poco está tomando otra conciencia, la conciencia de sí puede llegar a valerse por sí misma, esto es algo que me alegra muchísimo, aunque no dejo de preocuparme por ellos. Hasta ahora el cambio ha sido positivo le doy gracias a Dios por ello, pues sabido que cuando ellos pierden su rutina y tienen cambios, estos los afectan emocionalmente, en el caso de ellos lo han asimilado bastante bien.

Ayer fue viernes, supuestamente tenían que ir a la escuela; Los levante como todos los días anteriores, los Bane y vestí; como de costumbre, Ernest se puso a jugar sega y Mary a ver el Cartón Newark. Yo como todos los días vigilaba el auto bus que los llevaría a la escuela, pero el tiempo pasaba y pasaba y el bus no llegaba y finalmente nunca llegaron ninguno de los dos, fue mi error pues resulto ser que no había clases.

Esto forma parte de todas estas nuevas experiencia que estamos teniendo, pues aquí hasta los horarios de entrada y salida de las escuelas son diferentes.
Hoy es sábado, yo no me sentido muy bien parece que voy a coger un virus que ataca a la garganta básicamente y que se encuentra ahora en el ambiente, por supuesto va además acompañado por fiebre, no me ha dado muy fuerte,

Gracias a Dios pues yo tengo que estar al frente de este pequeño ejército que es mi familia y los cuales no tienen a nadie más que mí y a su papa pues mis hermanos todos viven en otros condados a muchas millas de distancia y mi cunada me ayudaría en caso de una emergencia pero la realidad es que ella también tiene su vida muy complicidad.

Para concluir esta etapa diré que los cambios hasta ahora los han ido afectando favorablemente.

Los cambios más importantes fueron:
1-Un nuevo hogar
2-&Un nuevo barrio con características diferentes a la anterior.
3-Nueva escuela, Nuevo maestros, Nueva rutina, Nuevos compañeros de clases.
4-Por primera vez viajan solo es un bus.

El resultados de estos cambios, repito hasta el momento han sido bastantes satisfactorios.
Cambios futuros;
Mary comenzara a tomar clases de natación.

En el cambio de escuela esta ocurriendo con Ernest algo que nunca ocurría en la escuela anterior, Ernest se está orinando en los pantalones de vez en cuando, creo que puede ser por dos cosas temor de él, al estar en un ambiente totalmente nuevo para él, o que la profesora no lo entienda pues el generalmente pide ir al baño en español y ella no habla nada en español, pero esto lo voy a solucionar en muy poco tiempo
Lo primero que hay que hacer es observar al niño /ni e ir descartando poco a poco todas las posibilidades hasta dar con la razón o causa, para esto lo primero es no desesperarse, tomarlo con mucha paciencia.
Ya he hablado con su maestra acerca del problema no me cabe duda de que ella está poniendo todo de su parte para que el pare de orinarse en sus pantalones; se además que ella al menos de ahora en lo adelante lo va a entender siempre que él le pida ir al baño entonces al continuar el problema y quedar abolida las dos primeras hipótesis; cual será la causa de este fenómeno?

Pues bien solo madeja esta tercera alternativa; Junior va al baño pero no termina de orinar por el apuro de terminar todo su trabajo a tiempo, por lo tanto pasado unos minutos tiene de nuevo la necesidad de ir al baño pero por el mismo apuro de terminar todo su trabajo no va y como es lógico se orina en los pantalones. Este problema finalmente fue resuelto cuando el entendió que no tenía que ser el primero en terminar su trabajo en la clase, y supongo que la molestia de sentirse mojado, unido a la pena que le causaba en frente de sus nuevos compañeros lo ayudaron a darse cuenta de esta situación y cambiar de nuevo su actitud.

Como pueden ver y apreciar el mundo de los niños que padecen este síndrome conocido por todos nosotros como El Autismo es más complejo de lo que a simple vista parece.

Si esto le ocurre a su hijo /ja no lo atosigue, busque la causa y alludel de la mejor manera posible para que esta situación termine, agile ver que estos tipos de accidentes nos pueden ocurrir a todos en la vida por diferente motivos,

En diferentes situaciones, que él no es el único, háblele la lava a escuchar y aunque usted no lo crea la mente lo va a guardar en su archivo sud consiente y esto le será de gran ayuda a la criatura.

Están ahora en clases de verano y como todos sabemos el verano aquí en la Florida es súper caliente, pus bien la guagua que le toco llevar a Ernest para su escuela no tiene aire acondicionado, esto trae como consecuencia que el calor a la hora de salida sea insoportable, pues bien todo esto unido a la complicidad de que aún no le hallan asignado una asistente a la chofer de la guagua hace que Ernest haga de la suyas, les diré como :Ernest nunca ha podido soportar el calor, desde muy pequeñito sudaba como un hombre que trabajara en la construcción, en la primera ocasión se zafo las amaras {cinturón de seguridad} y se quitó todas las ropas con tan buena suerte que cuando esto paso ya estaban muy cerca de casa y ella ya había dejado al resto de los niños en sus respectivos hogares, cuando ella llega a la puerta de la casa yo ya lo estaba esperando y le digo a ella que lo dejara vagar ella me dice que no puede que valla yo a ver lo que estaba pasando, cuando llego me encuentro con el fenómeno, acto seguido comienzo a reganarlo y ella que es una mujer tan dulce con los niños comenzó a reírse de las maldades y travesuras que él le había hecho por todo el camino, después de vestirlo finalmente pude bajarlo y llevarlo a casa.

Al día siguiente reporte lo que había acontecido buscando que finalmente le pusieran una asistente en la guagua pues es muy difícil {casi imposible} manejar y tener el control de varios niño, más si tomamos en cuenta que estos son niños/más con problemas especiales.

Ayer volvió a repetirse el hecho una vea más solo que en esta ocasión se quitó solamente la parte de abajo de sus ropas, tal parece que tendré que seguir insistiendo con la encargada de este asunto para que finalmente tomen cartas en el problema. {Departamento de Transporte}.

Ya las clases de verano han quedado detrás y de nuevo ha comenzado el curso escolar ahora Esther mi hija mayor ha empezado sus clases y gracias a Dios le esta hie4ndo mejor de lo que yo esperaba.

Los muchachos ya se han ido adaptando a la nueva rutina por el momento sus comportamiento son bastante normales, ahora solo nos queda esperar para ver que nos repara el destino en el futuro.

Esta semana que acaba de terminar para ser más exacto el día 16 del mes de octubre de 1996 ocurrió algo que pudo haber puesto en peligro la vida de mi hijo Ernest por causas que serían un poco larga de contar yo no estuve a tiempo en la parada de guagua que esta al cruzar loa calle a un costado de la casa; {favor que yo le hago a la guagüera}pues ella tiene que esperar al frente de la casa y tomado de mi mano subir o bajar del auto bus, Esta señora se molestó muchísimo porque tuvo que hacer lo correcto, doblar la esquina y entregarme el niño en esa forma, pero no solo hizo esto sino que bajo al niño de la guagua y no lo tomo por sus manitas, cosa que su asistente no impidió al niño verse solo pudo ocurrirían desgracia "El peligro radica en que él es un niño que le justa correr y no se detiene cuando se le llama "para el esto es un juego lo que puede significar una inmensa cantidad de peligros debido a su condición de Autismo.

Este incidente lamentablemente me veré obligada a reportarlo a las autoridades del transporte escolar, esto seguramente me traerá nuevos problemas con esta señora que debería dedicarse a otra cosa que no tenga nada que ver con los niños/más pues tiene un carácter bastante agriado y con los niños especiales hay que ser también un poco especial.

Magnetismo Curativo
Escritor
Dr. Ovidio Recauda

Investigación si fuese
Posible aplicar esta terapia a las personas
Que padecen el síndrome del Autismo.

Antes de dar paso a este tópico para el cual he utilizado un libro muy interesante escrito por un ser humano muy brillante el Dr. Ovidio Recauda, llamado "Magnetismo Curativo " debo decir que mientras leía este libro venían a mi mente gratos recuerdos de mi infancia, que talmente parecían sacados de algún viejo libro que durante anos reposara callado en el polvoriento desván, esperando que algún día una mano curiosa viniera a rescatarlo de las tinieblas de su soledad para darles a todos con sus letras la sabiduría de los viejos sabios, y el ejemplo de los antiguos milenios.

En todo pueblo pequeño existen personajes que poco a poco y sin proponérselos pasan a ser parte del folclor y el mío no era un caso aislado, no era un pueblo distinto a los demás. separado de la capital de provincia por una cordillera de lomas en uno de sus típicos barrios más apartados, cercano a donde colindaba el campo con el pequeño pero alegre pueblo de casas antiguas con portales amplios por donde solíamos pasear y es guarecernos de la lluvia en esas tardes grises de otoño, de las que tantos recuerdos tengo. Aquí en este peculiar pueblecito vivía un personaje a quien todos llamábamos Mónica y a quien yo recuerdo con mucho cariño y mucha admiración; La señora "Mónica " era una mujer bastante mayor que había participado en alguna forma en la guerra de independencia de la república en nuestro país natal " Cuba " era además la abuelita de mis grandes amigas y amigos pues eran varios hermanitos en la familia, con los cuales yo solía jugar en mis ratos libres después de haber trabajado duramente durante todo el día en la escuela.

Mónica era ni más ni menos que algo así como la curandera del pueblo, pues en estos pueblecitos no existían más de tres doctores que atendían todo tipo de casos, y un policlínico, no habían hospitales ni nada por el estilo, es un pueblo sacado de un cuento, como tantos otros que existen en nuestra América; Ella era la persona que pasaba la mano para curar los empachos, {la mala digestión}, {sacar el sol" que daba esos fuertes dolores de cabeza, era la persona que conocía todas o casi todas las hiervas curativas, también santiguaba y hacia despojos, con ellos limpiaba el aura y el alma 0 como ustedes prefieran llamarle se sentía uno Libre como una golondrina con las alas abiertas para emprender el vuelo a las alturas. Aunque sus nietos no creían en estas cosas y muchas gentes del pueblo se reían de ella por su vestimenta y por lloque hacia "La Señora Mónica" era una leyenda.

Yo más de una vez y sin que mis padres lo supieran al visitar a mis amigas en su casa la que ella compartía con ellos [el resto de la familia} le pedí que me sacara el sol, y me santiguara en el nombre de Dios etc. La experiencia personal que tengo de todo esto fue y es muy hermosa y es ahora al leer este libro después de vente y siete años de haber salido mi país forzada por la situación existente debido al mal que ha inundado nuestro territorio que mediante este libro me dado cuenta que La Señora Mónica utilizaba sus facultades para ayudar a todos los que acudían a ella, algunos por curiosidad, otros por falta de recursos, otros por fe, y muchos de una manera ignorante; pero lo realmente importante era que ella siempre estaba allí, por encima de los incrédulos, de las mofas que muchas veces le hacían los chiquillos malcriados y mal educados del barrio, ella siempre estaba dispuesta a ayudar a todo aquel que llamara a su puerta.

Hoy ella ya debe ser haber muerto y yo quiero dedicarle este pequeño homenaje póstumo a La Señora Mónica por su censales por su valentía, por su bondad para con sus semejantes y por ser un ejemplo; Gracias por estar, gracias por conocerte, gracia por escucharme, por aconsejarme, por ser mi amiga; La Señora Mónica vivía en el pueblo de Camagua ni, perteneciente a la provincia de Santa Clara en esa hermosa isla que mi vida y que nunca más he podido viajar ni tan siquiera de visita pero a la que llevo con gran orgullo en mi sangre, en mi mente, en mis sueno y en mi corazón.

Para rodas y todos las monoicas del mundo gracias, muchas gracias por existir, por estar.
Comencemos ahora con el próximo tópico El Magnetismo Curativo:

Escritor: Dr. Ovidio Recaude.

Nadie ignora que la electricidad ejerce gran acción sobre
Nuestro organismo. -Quien no siente la influencia de ese estado
atmosférico cargado de electricidad que precede a las grandes lluvias, o el
que depende de ciertos vientos, tal como el norte entre nosotros. ? Una
descarga eléctrica poderosa mata, una corriente apropiada cura machas
dolencias, como la prueba la electroterapia.

Pero no solo es cierto que la electricidad ejerce en los organismos una
poderosa influencia, sino que los mismos organismos producen
electricidad.

La electricidad animal existe fuera de toda duda y bien lo prueban las
diversas clases de peces eléctricos, Ej.; el pez torpedo, el tetrodo etc.
Todos los animales desarrollan electricidad. El gato es tal vez el que
manifiesta en mayor grado esta propiedad.

Pero en esto nada hay de extraño, si es considera que ningún fenómeno
químico se efectúa sin la intervención de ese agente, y que el organismo
animal es un verdadero laboratorio en donde dirigidos por una fuerza
desconocida, se ejecutan mil combinaciones y descomposiciones.
Existe pues una electricidad animal la cual parece, si no producirse por sí
sola, por lo menos acompañar a los fenómenos vitales.

El doctor Jussien {miembro que fue de la Sociedad de Paris} Después de haber estudiado los fenómenos producidos por los magnetizadores, supone que ellos son debidos al fluido eléctrico animalizado.

La electricidad humana, pues debida al proceso vital no sería más que una modificación de la electricidad ya conocida de los físicos y que constituiría el magnetismo animal.

Las manos son el principal medio de que se valen los magnetizadores para dirigir y distribuir el fluido magnético en el organismo de sus enfermos. ¿Qué misterios se encierra en el acto de la extensión e imposición de las manos?

La imposición de las manos constituía la base del magnetismo oculto de la antigüedad.

Los sacerdotes y los iniciados de los misterios producían por estas medias asombrosas curaciones. Jesús y sus apóstoles también curaban por la sola imposición de las manos.

Algo oculto, algo misterioso se ha atribuido siempre al acto de la imposición de las manos.

Los sacerdotes de la India extienden sus manos al celebrar sus sacrificios. En la biblia también se tropieza a cada paso con esto mismo; Isabel extiende sus manos para bendecir a Efraín, Arona extiende sus manos sobre la victima que ha de inmolar.

No menosprecies el don que está en ti, que te es dado con la imposición de las manos de los desfilaros dice San Pablo a Timoteo-El padre también coloca las manos sobre la cabeza del hijo para bendecirle.

Aquí en este capítulo su autor se refiera a la naturaleza del agente magnético; En uno de sus párrafos dice lo siguiente: Lo que con mayor seguridad y sencillez nos demuestra la presencia del agente que nos ocupa es la fotografía, el sthenometro y la biometría. Pero no disponiendo en un momento dado de estos medios, no le falta al magneto logo como demostrar la realidad de dicho fluido, o como quiera llamársele. Basta con recurrir para el efecto al mejor de los reactivos, que es el hombre mismo.

El agente magnético de cada persona se encuentra conformado a su propio modo de ser. De ello con seguridad ha de convencerse cualquiera que emprenda el ejercicio del magnetismo con un fin noble y elevado, cuales son el deseo de inquirir la verdad y el de hacer el bien, mediante la magno terapia.

En cuanto a las sensaciones ellas son diferentes en cada sujeto y con cada magnetizador.

Pasando ahora a la página 31del libro encontraremos lo siguiente.
La acción magnética se ejerce por tres medios es decir:
Magnetización directa; Es la producida directamente por el magnetizador.
Magnetización indirecta; Es la que se produce por intermedio de otra persona.

Magnetización intermedia; Es la que tiene lujar valiéndose el magnetizador de una sustancia material que ha impregnado de sus fluidos. En la página 44 el autor nos dice: La magnetoterapia, o magnetismo curativo se concreta al exclusivo empleo del agente magnético mediante las imposiciones, las aplicaciones, los pases, y las fricciones magnéticas. El reglamento de la Magneto logia exige que el paciente al someterse a la magnetización, debe siempre estar acompañado por otra persona, posiblemente de su familia.

Como idea religiosa el Moderno Espiritualismo se encierra en estas palabras;

Tened por templo el Universo
Por altar vuestros Corazones
Por imagen a Dios
Por sacerdote la conciencia

Hilario G. de la Constancia

Sabias palabras de este gran señor.

Ahora bien volviendo al tema que nos ocupa .Como pudiera todo eso {la terapia magnética a mejorar el Síndrome del Autismo?

Por lo que aquí hemos visto el cuerpo humano es un generador de corriente; Al aplicar el magnetismo curativo estaríamos introduciendo al organismo del paciente una especie de electrizo en una forma totalmente natural, que ayudaría a que las neuronas reaccionaran al estímulo haciendo su movimiento más rápido y de esta manera pudiera abarcar más espacio recorrido, y con un tratamiento moderado se pudiera lograr restaurar la cadena que se ha roto entre el Cerebro y el Sistema nervioso haciendo de este modo desaparecer el Autismo de la faz del planeta.

Conclusiones esta tercera etapa de este libro hemos hecho un recuento de algunos tópicos ya establecidos en el libro anterior pero que para aquel que no lo haya podido atener es importante tener, además hemos analizado nuevos tópicos y vistos su Angulo positivo. Yo tengo mi propia opinión con la mayor humildad de la que soy capaz de poseer, dándoles mis agradecimientos a todos aquellos que de una u otra forma colaboran, estudian e investigan este fenómeno.

Tienen todos ustedes la libertad de escoger y tomar su propia opinión y el deber como sociedad y como padres de investigar a cerca de este tema más aun aquellos que estén directa o indirectamente relacionados con quienes padecen de este mal, por un mejor entendimiento y bienestar de toda la familia.

www.ingramcontent.com/pod-product-compliance
Lightning Source LLC
Chambersburg PA
CBHW062251290526
45794CB00006B/2497